Bibliografische Information der Deutschen Nationalbibliothek
Die Deutsche Nationalbibliothek verzeichnet diese Publikation in der
Deutschen Nationalbibliografie; detaillierte bibliografische Daten
sind im Internet über http://dnb.d-nb.de abrufbar.

ISBN-13: 9783837059038

Aus den tiefen der Seele

Gefühlvolle Liebesgedichte

Liebe

Träume

Sehnsucht

Traurige Augen,
Sehnsucht im Blick,
und die bange Frage im Herzen:
„Wann kommst Du wieder zu mir zurück?"
So sitze ich hier und warte auf Dich.
Ein Leben ohne Dich,
ist nichts für mich.
Ich brauche Dich so sehr,
ohne Dich ist mein Leben so leer.
Du fehlst mir jeden Tag mehr.
Komm ganz schnell wieder her,
denn dann ist mein Leben wieder schön,
und nicht mehr leer.
Ich liebe Dich doch so sehr.
Du bist mein Schatz für immer,
und ich geb Dich nie mehr her.

*I*ch brauche Dich,
schau in meine Augen,
schau in mein Gesicht.
Einfach aufgeben,
nein das tue ich nicht.
Ich geh meinen Weg,
und ich gehe ihn für Dich.
Glaube an die Liebe
und zweifle nicht.
Hab wieder Mut,
alles wird wieder gut.
Ich hab ein Herz das leise spricht:
„Ich hab Dich so lieb, vergiss das nicht."

Alle Wege gemeinsam gehen,
sich auch nach vielen Jahren,
noch immer gut zu verstehen.
Sich immer die Liebe bewahren im Herzen,
auch zu teilen Kummer, Leid und Schmerzen.
Sich aufeinander zu verlassen,
trotz Streit sich nie zu hassen.
Die Liebe soll für immer der Sieger sein,
so eine Ehe, die ist fein.

*J*ede Nacht
in meinen Träumen,
ich hör Dich,
ich seh Dich,
ich fühl Dich,
und mein Herz will nur zu Dir.
Egal wo du auch bist,
wahre Liebe geht niemals vorbei.
Und ein Herz was wirklich Liebt,
ist niemals frei.
Du bist die Liebe für mich,
und ich weiß genau,
ich bin die Liebe für Dich.
Wirklich trennen kann man uns nicht.
Wir kommen aus der Dunkelheit,
wieder ans Licht.
Auch diese Zeit geht mal vorbei,
dann bist Du hier und wieder frei.

*Mein Leben
besteht immer nur aus warten.
Aber warum warten?
Auf was warten?
Warten auf ein Wunder?
Warten auf ein kleines Glück?
Warten auf Zeit für Gemeinsamkeiten?
Warten auf ein bisschen Sonne in unserem
Herzen?
Warten auf Liebe im Mondenschein?
Warten immer nur warten.
Muss das denn wirklich sein?
Ich bin jetzt hier und heute allein.
Mein Leben kann doch nicht immer
nur warten sein.*

Jeden Tag
Jeden Abend küsse ich Dein Gesicht,
doch du spürst meine Küsse nicht.
Jeden Tag spreche ich mit Dir,
so als wärst Du hier bei mir.
Jeden Tag träum ich von Dir,
doch der Traum der wird nicht wahr,
denn Du bist ja nicht wirklich da.
Jeden Tag halt ich Dein Bild in meiner Hand,
doch Du bleibst immer stumm,
und ich sitz allein Zuhause rum.

Ich friere,
doch draußen ist es so heiß.
Es ist so warm,
doch auf meinem Herz
liegt eine dicke Schicht Eis.
Du sagst Du liebst mich,
ich seh Dir in Deine Augen,
und kann es Dir nicht mehr glauben.
Ich fühle mich neben Dir
so verlassen und so allein.
Das kann doch keine Liebe mehr sein.

Dein Zug rollt auf dem Bahnhof ein,
und wenn er fährt bin ich allein.
Hab ich Dich heute verloren?
Wird unsere Liebe bald wieder neu
geboren?
Unsere Zukunft endet heute hier,
und wir können nichts dafür.
Komm bald wieder zu mir zurück,
denn Du bist doch mein ganzes Glück.
Halt mich noch einmal ganz fest
in Deinem Arm,
denn dann wird's mir noch einmal
im Herz ganz warm.
Ich denk an Dich bei Tag und in der Nacht.
Ich frag mich schon jetzt:
„Sehnsucht was hast du
nur mit mir gemacht?"

Ich war alleine und träumte meinem Traum,
von Liebe und vom Glück.
Doch als ich erwachte,
war ich so traurig.
Ist das nicht verrückt?
In dem Traum war alles so schön,
so wunderbar.
Wir beide waren uns so nah.
In der realen Welt sieht so manches
leider anders aus.
Probleme Tagein und Tagaus.
Da bleibt für´s Träumen keine Zeit,
da schläft auch ein die Zärtlichkeit.
Was ist geschehen?
Mit uns war es doch mal so schön.
So darf eine so große Liebe nicht enden,
so darf es nicht weitergehen.
Ich möchte mit Dir doch noch
ein Leben lang weiter träumen.
Komm lass es einfach so geschehen,
lass uns nichts mehr versäumen.

Ich bin so traurig und so allein.
Frag mich so oft warum muss das denn sein.
Wir waren uns doch mal so nah,
waren doch immer füreinander da.
Irgendwann zog die Kälte in unsere Herzen.
Es tat so weh,und es wird immer so
schmerzen.
Irgendwie halte ich diesen Schmerz
kaum noch aus.
Fast erfriere ich innerlich,
und ich weiß nicht ein noch aus.
Ich weiß nur lange so noch leben,
kann ich nicht.
Hab so lange gewartet bis
das Eis auf der Seele bricht.
Doch diesen kleinen gefallen
tat es mir leider nicht.

*Warum bin ich so feige
und kann nicht gehen?
Kann Dich doch schon fast
nicht mehr verstehen.
Warum soll ich dennoch bleiben?
Warum noch mehr Schmerz
und Kummer erleiden?
Unsere Liebe war vor langer Zeit
doch mal schön.
Was ist nur mit uns geschehen?
Zu viel Kummer und Sorgen
haben uns auseinander gebracht.
Schicksal, was hast du nur gemacht?
Soll ich gehen oder bleiben?
Ich kann mich einfach
noch nicht entscheiden.
Herz und Verstand
laufen aneinander vorbei,
an eine Wand.
Ich weiß nur so leben kann ich nicht.
Leben ohne Wärme ohne Sonnenlicht.
Es ist jeden Tag als ob mein Herz
ganz leise zerbricht.
Muss mich nur noch entscheiden.
Gehen oder bleiben?*

Wie soll ich leben ohne Dich?
Weiß schon jetzt ich kann das nicht.
Du bist noch so nah,
und doch so weit fort.
So fern an einem himmlischen Ort.
Kann Dich nicht sehen,
nicht mit Dir reden,
dabei wollte ich Dir noch so vieles geben.
Du bleibst mir auf immer so nah,
das ist mir längst ganz sonnenklar.
Irgendwann werden wir uns dann
wieder sehen.
Weiß schon heut, dass wird wunderschön.
Dann werden wir im Himmel wie auf Erden,
wieder zusammen sein,
und alle Wege gemeinsam gehen.
Aber es kann noch was dauern.
Unser Wiedersehen.

Ich lache, auch wenn meine Seele weint.
Auch wenn mein Herz vor Sehnsucht
nach Dir ganz laut schreit.
Jedes Lächeln ein stummer
Schrei nach Liebe,
doch die ist längst vorbei.
Ich lache doch in meinen Augen
schimmern Tränen,
ich weiß, ich muss mich deshalb
nicht schämen.
Komm zurück zu mir, dann muss ich mich
auch nicht länger grämen.

Du lächelst mich an,
und mir wird es ganz warm.
Dann küsst Du mich,
und nimmst mich in Deinen Arm.
Erst dann fange ich wieder zu leben an.
Tu es noch mal,
Du hast es so lange nicht mehr getan.

Ein Herz das liebt,
gibt niemals auf.
Es nimmt Schmerzen und Tränen
für die Liebe in Kauf.
Es ist Dir immer nah,
bei Tag und in der Nacht.
Hält über unserer großen Liebe wacht.
Es lässt Dich nie allein,
denn es will immer bei Dir sein.
Und mein Herz liebt Dich so sehr,
es gibt Dich nie mehr her.
Denn es weiß:
„Wir lieben uns so sehr,
und unsere Liebe
wird jeden Tag noch mehr."

Hand in Hand ein Leben lang,
wollten wir durch´s Leben gehen.
Doch jetzt können wir das nicht,
es ist zu viel geschehen.
Müssen wir auch jetzt
unsere Wege alleine gehen,
unserer Liebe wird nichts geschehen.
Irgendwann werden wir
wieder Hand in Hand
durch´s Leben gehen.
Eins weiß ich schon jetzt:
Es wird wunderschön.

Meine Liebe zu Dir ist bis in alle Ewigkeit.
Für Dich ist mir kein Weg zu lang zu weit.
Ich warte auf Dich bis zum letzten Tag,
egal wann der auch sein mag.
Er wird kommen,
und dann sind wir wieder zu zweit.
Wenn mich auch jetzt der Kummer quält,
ich weiß nur eins:
„Nur die Liebe zählt."

Wie kann es ein,
wenn Du mich liebst,
das Du die Augen
wenn Du mich küsst
nicht mehr schließt?
Dein Blick ist mir so fern.
Sag hast Du mich
wirklich noch gern?
Du weißt unsere Liebe
sollte für immer sein,
doch im Moment fühle ich mich
einfach nur allein.
Das kann doch nicht schon
alles gewesen sein.
Uns schien doch
kein Weg zu weit,
für ein Leben zu zweit.
Bring die Liebe
zu uns zurück,
denn nur Du allein,
bist mein Glück.

Draußen fällt der Regen,
und meine Seele weint.
Ich find nicht mehr raus,
aus dem Labyrinth der Einsamkeit.
Wir wollten doch mal fliegen,
und sind am Boden erwacht.
Meine Seele friert,
und es ist tiefe Nacht.
Doch ich lieb Dich,
lass Dich nie mehr gehen,
denn nur mit Dir allein,
ist mein Leben lebenswert und schön.
Darum wart ich,
jeden Tag und jede Nacht,
nur auf Dich.
Du bist die Liebe meines Lebens.
Vergiss das nicht.

Ich brauche einen Engel,
der mir zur Seite steht.
Ich brauche einen Engel,
der meine Einsamkeit besiegt.
Ich brauche einen Engel der zu mir spricht:
„Alles wird gut,verzweifle nicht."
Bist Du auch einsam und allein,
ich werde immer bei Dir sein.
Deine Tränen werden auch mal vergehen,
auch Du wirst bald die Sonne wieder sehen.
Ich verlass Dich nie,
werde immer bei Dir sein.
Dir wird nichts geschehen.
Werde immer an Deiner Seite stehen.

*Ich geh meinen Weg und glaube daran,
dass man Träume wahr machen kann.
Ich geh meinen Weg,
durch Schatten und Licht,
und verlauf mich nicht.
Ich geh meinen Weg,
mit Dir Hand in Hand.
Wir gehen vereint in unser Wunderland.
Das Land, das jeder kennt.
Das man „Paradies für Liebende" nennt.
Dort will ich mit Dir für immer bleiben.
Heute, morgen und für alle Zeiten.*

Mein Herz schreit:
„Wo bist Du?"
Mein Herz weint.
„Nicht hier".
Mein Herz sagt:
„Ich vermisse Dich".
Mein Herz flüstert:
„Ich liebe Dich".
Denk an Dich,
bei Tag und in der Nacht.
Was soll ich tun,
gegen diese Liebesmacht?
Am liebsten wär ich jetzt bei Dir,
doch Du bist leider nicht hier.

In den Sternen steht`s geschrieben:
„Ich werd Dich für immer lieben."
Wir werden bald wieder
zu den Sternen fliegen,
unsere Einsamkeit besiegen.
Egal wie schlimm auch alles ist:
„Wir lassen uns nie unterkriegen."
Eines ist gewiss:
„Wahre Liebe wird immer siegen."

24 Stunden träume ich von Dir,
24 Stunden doch Du bist nicht hier,
24 Stunden Sehnsucht pur,
und ich schaue pausenlos auf die Uhr.

Ich liebe Dich mehr,
als mein Leben.
Immer werd ich Dir,
meine Liebe geben.
Ich gehör zu Dir,
für alle Zeit.
Heute – Morgen -
und auch in der Ewigkeit.

Du bist nicht da,
und doch sind unsere Herzen ganz nah.
Ich bin immer für Dich da,
und irgendwann wird auch für uns
ein Wunder wahr.
Ist das nicht wunderbar?

Du winkst mir zu,
ein letzter Blick,
ein letzter Kuss.
Unsere Zeit ist wieder mal vorbei.
Es gibt kein zurück.
Ich vermisse Dich schon,
bevor Du gehst,
und sie ist immer da,
da wo sie immer war:
„Meine Sehnsucht"!

*I*rgendwann bist Du wieder hier.
Irgendwann für immer bei mir.
Irgendwann ist irgendwann vorbei,
und dann gibt's nur noch uns „2",
weil uns auch ein irgendwann
nicht wirklich trennen kann.

Ich steh das durch,
ich glaub an mich.
Ich weiß nach Dunkelheit,
kommt wieder Licht.
Ich lauf der Sonne hinterher,
und ich weiß,
ich hol Sie irgendwann mal ein.
Ich hab ein Herz,
doch ich bin so allein,
aber ich weiß,
ich werd´s nicht immer sein.
Irgendwann bist Du bei mir,
und dann werde ich
wieder glücklich sein.
Ich steh das durch,
egal was kommt,
weil ich weiß,
das sich warten
für die große Liebe lohnt.

Er ist an deiner Seite,
Du kannst Ihn nicht sehen.
Er hört Dir zu
und kann Dich verstehen.
Bist Du mutlos und traurig,
steht er Dir bei.
Ganz still und leise,
denn Engel sind frei.
Hab keine Angst,
und hab vertrauen,
auf Engel kannst
Du immer bauen.
Er wird immer bei Dir sein,
Du bist niemals ganz allein.

In einem anderem Leben,
gab es nur uns zwei.
Doch in diesem Leben,
ist das jetzt leider vorbei.
In einem anderem Leben,
werden wir wieder glücklich sein.
Doch in diesem Leben,
sind wir einsam und allein.
In einem anderem Leben,
da konnten wir mal lachen,
und liebten uns so sehr.
Doch in diesem Leben,
ist mein Herz vor Kummer so schwer.
In einem anderem Leben,
werden wir die Angst besiegen,
und wieder zu den Sternen fliegen.
In diesem Leben,
geht auch der Kummer mal vorbei,
und unsere Herzen sind wieder frei.
Und in diesem neuen Leben,
werden wir uns dann für immer
lieben, lieben, lieben......

Wenn jemand zu Dir steht,
wenn alle anderen Dich verlassen.
Wenn einer für Dich da ist,
wenn Du jemand zum reden brauchst.
Wenn einer Deine Hand hält,
wenn Du mutlos und verzweifelt bist.
Wenn einer zu Dir steht,
egal was passiert ist.
Wenn einer alles für Dich tut,
wenn Du Hilfe brauchst.
Wenn einer Deine Tränen trocknet,
weil Du Dich einsam fühlst.
Wenn einer spürt,
das Du dringend Hilfe brauchst.
Dann ist das ein Engel!
Lass mich Dein Engel sein...

Ein Herz das liebt,
gibt niemals auf.
Es nimmt Schmerzen
und Tränen
für die Liebe in kauf.
Es ist Dir immer nah,
bei Tag und in der Nacht,
hält über unserer großen
Liebe wacht.
Es lässt Dich nie allein,
denn es will immer bei Dir sein.
Und mein Herz liebt Dich so sehr,
es gibt Dich nie mehr her,
denn es weiß :
Wir lieben uns sehr,
und unsere Liebe wird jeden Tag
noch ein bißchen mehr.

Du bist meine Liebe,
und immer in meinem Herzen.
Du bist mein ganzes Glück,
und ich will Dich endlich wieder zurück.
Zurück in meine Arme,
denn ich brauche Dich so sehr.
Ohne Dich ist mein Leben
nur noch öde und leer.
Ich vermiss Dich so sehr,
und ich lieb Dich noch 1000 mal mehr.

*I*ch brauche Dich,
schau in meine Augen,
schau in mein Gesicht.
Einfach aufgeben,
nein das tue ich nicht.
Ich geh meinen Weg,
und ich geh Ihn für Dich.
Glaube an die Liebe,
und zweifle nicht.
Hab wieder Mut,
alles wird wieder gut.
Ich hab ein Herz,
das denkt und leise spricht:
„Ich hab Dich so lieb,
vergiss das nicht".

*Wenn die Hoffnung
stärker ist als die Angst,
wenn der Mut die Verzweiflung besiegt,
gibt es immer ein Morgen.
Und Morgen kann schon
alles entschieden sein,
und du kommst endlich für immer Heim.
Auf diesen Tag wart ich hier ganz allein,
denn wenn Du wieder hier bist,
werden unsere Herzen noch näher
zusammen sein.
Du bist mein geliebtes Schatzilein.*

Du bist leider nicht hier,
doch ich sehn mich so nach Dir.
Will mit Dir glücklich sein und lachen,
mit Dir verrückte Dinge machen.
Doch hier ist nur Kälte,
Leere und Einsamkeit,
und ein Herz was nur noch
um Dich weint.
Ich lieb Dich so sehr,
und meine Liebe zu Dir,
wird jeden Tag noch mehr.
Hab nur den einen Wunsch:
„Komm endlich wieder in meine Arme"
Lass mich nie mehr alleine,
denn ich will nur eins:"bei Dir sein".

Bald werden wir uns wieder lieben,
bald die Einsamkeit endgültig besiegen.
Bald werden unsere Träume endlich wahr,
bald sind wir wieder ein ganz normales
Ehe-und Liebespaar.
Bald bist Du wieder hier,
wieder ganz nah bei mir.
Bald hört endlich auch das warten auf,
bald , ich freu mich schon darauf,
gehen wir Hand in Hand
in unser Wunderland.
Bald fängt unser Leben neu an,
bald , und wir zwei machen es uns
ganz schön dann.

*W*ir haben oft schon Spaß gehabt,
und stundenlang zusammen gelacht.
Unsere Liebe wird ewig leben,
sie ist stärker, als das stärkste Beben.
Wir hatten manchmal auch
einen kleinen Streit,
und ich dachte manchmal
„jetzt ist es wohl soweit".
Das der Streit das Ende unserer Liebe ist,
weil einer oft sturer als der andere ist.

Du bist die Sonne an meinem Tag,
und die Sterne in der Nacht.
Lieber sterb ich,
als nochmal 1. Tag ohne Dich
leben zu müssen,
will Dich nie mehr vermissen.
Mein Herz ist Dein,
und so soll es bis ans Ende
all unserer Tage sein.
Nie mehr ohne Dich,
nie mehr allein.
Immer mit Dir zusammen glücklich sein,
das wünsch ich mir,
denn du bist mein Schatz, nur Du allein.

Ich vertrau Dir, wie am ersten Tag.
Weil ich den Weg mit Dir so mag,
werd ich ihn weitergehen.
Egal wohin er geht.
Hab längst erkannt, das Du es bist,
was mein Herz so sehr vermisst,
wenn Du nicht bei mir bist.
Ich könnt nicht leben ohne Dich,
wüsste nichts mit mir anzufangen.
Die Nächte würden nicht vergehen,
am Tag würd keine Sonne mehr scheinen.
Ich könnt nicht leben ohne Dich,
so sehr würd mir Dein Lächeln fehlen.
Du bringst in mein Leben wieder Licht.
Ohne Dich sein, das will ich nicht.
Komm sei mir heute Nacht ganz nah,
denn jedes Wort ist wahr.
Hab mich nach Dir gesehnt,
halt mich in Deinem Arm.
Ich könnt nicht leben ohne Dich,
und glaub mir: „Ich wills auch nicht „.

Mit Dir in meinem Herzen,
fängt jeder Tag neu an.
Ich weiß, das ich den Weg ins Licht
alleine nicht finden kann.
Viel zu lange stand ich draußen
vor der Tür,
zu den Sternen kann ich
wirklich nur mit Dir.
Endlich hab ich Dich,
und in meine Nacht,
fällt endlich wieder das Licht.

Könntest Du spüren was ich fühle,
und könntest Du sehen was ich denke,
wüßtest Du nichts hier auf Erden,
kann meine Liebe zu Dir zerstören.
Sie wird Dir immer gehören,
ich geh für Dich bis ans Ende der Welt.
Teil mit Dir Freud und Leid,
bleib immer an Deine Seite,
trag unsere Liebe und Träume im Herzen.
Du bist das Leben für mich,
und niemals lass ich Dich im Stich.
Für Dich werd ich alles riskieren,
denn könnt ich Dich nicht mehr spüren,
würd ich mich selbst verlieren.

Tränen auf meinem Gesicht,
das mein Herz oft weint,
das sieht man nicht.
Das ich so oft traurig bin,
denn dieses Leben hier,
macht doch für mich keinen Sinn.
Keiner braucht mich hier wirklich,
das ist mir seit langem klar,
dabei bin ich immer für euch da.
Jeder geht seinen Weg allein,
fragt nicht: „Willst Du bei mir sein?"
Lass uns doch den Weg gemeinsam gehen,
dann wird uns auch nie was geschehen.
Ich fühle mich so alt und so leer.
„Sag warum braucht mich keiner mehr?"

In meinen Augen
schimmern Tränen.
Ich bin so traurig,
und will mich dafür nicht schämen.
Vielleicht mußt Du bald fort von mir,
und ich sitze dann alleine hier.
Ich wäre so gerne immer bei Dir,
meine Liebe ist immer bei Dir ganz nah,
dort wo Sie ja schon immer war.
Alleine bist Du nicht,
denn ich lass Dich nie im Stich.
Du bist meine Liebe und mein Leben.
Nie, nie werd ich Dich jemals hergeben.

Ich brauche einen Engel
der mir zur Seite steht.
Ich brauche einen Engel
der meine Einsamkeit besiegt.
Ich brauche einen Engel
der zu mir spricht:
„Alles wird gut, verzweifle nicht."
Bist Du auch einsam und allein,
ich werde immer bei Dir sein.
Deine Tränen werden auch
irgendwann vergehen,
auch Du wirst bald
wieder die Sonne sehen.
Ich verlass Dich nie,
werde immer bei Dir sein.
Dir wird nichts geschehen.

Heut ist der 1. Tag der Ewigkeit.
Der Weg der vor uns liegt
ist unendlich weit.
Noch kann ich die Sonne,
wegen der Tränen
in den Augen nicht sehen.
Es wird noch lange Zeit dauern,
bis wir uns endlich wiedersehen.
Ich hab so Angst vor der Zukunft,
Dir darf nichts geschehen.
Wie gerne würde ich alle Wege
mit Dir gemeinsam gehen.
Unsere Liebe darf nicht sterben,
liegt auch heute noch
unsere ganze Welt in 1000 Scherben.

Manchmal denke ich
zu sterben wäre leichter,
als diesen Weg zu gehen.
Als diesen Kummer, diese Tränen
diesen Schmerz alleine durchzustehen.
Ich weiß ich muss stark sein,
doch ich fühle mich so schwach.
Keiner da, der mir hilft
durch die Einsamkeit der Nacht.
Ich muss erst durch den Weg der
Einsamkeit und der Tränen gehen,
doch ich weiß ich bin stark,
denn ich will und muss Dich wiedersehen.

*Vielleicht muss man durch die Hölle gehen,
um dann wieder den Himmel zu sehen.
Vielleicht muss man Schmerzen fühlen,
um dann das Glück zu berühren.
Vielleicht muss man erst traurig sein,
um dann zu sehen, den Sonnenschein.
Vielleicht muss man viele Wege
alleine gehen, um dann zu erkennen,
nur gemeinsam ist das Leben schön.
Vielleicht muss ich noch viele
Tränen weinen, aber dann wird wieder
die Sonne für uns scheinen.*

Ungeküsst möcht ich heut
nicht schlafen gehen,
denn ich weiß :
Küssen ist doch so wunderschön.
Ungeküsst kann ich nicht von Dir träumen,
komm endlich her,
lass uns keine Zärtlichkeit versäumen.

Ich versuche normal zu leben,
trotz aller Sorgen die mich quälen,
aber es ist so schwer.
Manchmal denk ich,
mein Herz zerbricht in 1000 Teile.
Ich weiß, das der Kummer der nicht spricht,
ganz leise die Seele zerbricht.
Manchmal frag ich mich,
was kommt noch alles auf mich zu?
Dann frag ich mich:
„Bin ich auch stark genug ?"
Stark genug, ohne Dich, zu leben.
Ich weiß nur eines, es darf kein
Leben mehr ohne Dich geben.

Durch das Tal der Tränen,
geh ich einsam und allein.
Jeder Schritt ohne Dich tut so weh,
möcht am liebsten schreien.
Doch ich muss den Weg noch weiter gehen,
denn ich weiß, wir werden uns
irgendwann da wiedersehen.
Ist der Weg auch hart und schwer,
für uns zwei. Einmal sind wir am Ziel,
und dann ist alles vorbei.
Dann werden wir wieder lieben und lachen,
vor Glück strahlen und wieder
verrückte Sachen machen.
Jeder Weg hat mal ein Ende,
und auch diese schwere Zeit,
geht mal vorbei,
und dann sind wir zusammen
und endlich wieder frei.

Das Ende unserer Einsamkeit,
es ist wahr, Du bist da, mir so nah.
Unser Weg war lang und weit,
aus unserer Liebe wird endlich Ewigkeit.

Große Träume
sterben manchmal früh,
aber Sehnsucht,
die stirbt nie!

Ich bin Dein Engel,
und komm zu Dir,
auch in der tiefsten Nacht.
Führe Dich ans Licht,
und alles, weil ich Dich liebe.
Vergiss das bitte nicht!

Es gibt kein Abschied für immer.
Es gibt immer ein Wiedersehen.
Unsere Liebe ist unsterblich.
Unser Traum wird nie vergehen.
Was heute auch unmöglich scheint,
kann Morgen schon Wirklichkeit sein!

Ich glaube an die Unsterblichkeit
der Liebe, und daran,
das jedes Eis mal bricht.
Darum, nur darum
verzweifle ich nicht!

*Ich lösche das Licht,
dann sieht man
meine Tränen nicht.
Tränen die ich um Dich wein,
Du bist nicht hier,
und ich bin deshalb,
so einsam und allein.*

*Für immer
will ich Deinen Herzschlag spüren,
und immer Deine Seele berühren.
Für immer gibt es nur Dich und mich,
und immer sagt mein Herz zu Dir :
„Ich liebe Dich"!*

Ich war in einem tiefen Traum,
überall nur Dunkelheit und tiefe Nacht,
doch jetzt bin ich endlich aufgewacht,
alles hell und wieder Tag!
Du bist da, endlich mir wieder ganz nah.

Immer noch leuchtet unser Stern,
er sagt mir jeden Tag,
Du hast mich gern.
Bist Du mir auch noch fern,
er wird immer leuchten,
unser Liebesstern.

Seit Du bei mir bist,
weiß ich, was Liebe ist.
Und das macht mich stark,
egal was kommen mag.
Es war schwer ohne Dich zu leben,
es tat weh allein zu sein.
Will Dich nie mehr verlieren,
mein Gefühl für Dich,
geht nie vorbei.
Jeden Tag nur Du und ich.
Jeden Tag nur wir zwei.
Mit Dir nur kann ich glücklich sein,
nur mit Dir allein.
Will immer bei Dir sein,
und mein Herz ist ewig Dein.

Das Feuer unserer Liebe brennt,
ganz tief in mir,
auch wenn Du nicht da bist,
bist Du doch hier,
ganz tief in mir.
Auch wenn der Himmel brennt,
und uns mal trennt,
ich geb Dich niemals her.
Ohne Dich ist alles, einfach nur leer.
Jetzt bist Du da,
meine Träume endlich wahr.
Jeden Tag nur mit Dir,
jeden Tag wir zwei.
Unsere Liebe geht nie vorbei.

Ich bin an Deiner Seite immer da,
und trotzdem unsichtbar,
Dir ganz nah.
Halte meine Hand
schützend über Dich,
in Not und in der Gefahr.
Ich bin Dein Engel,
der über Dich wacht,
bei Tag und in der tiefen Nacht,
halte ich bei Dir wacht.
Aber trotzdem : Pass gut auf Dich acht!

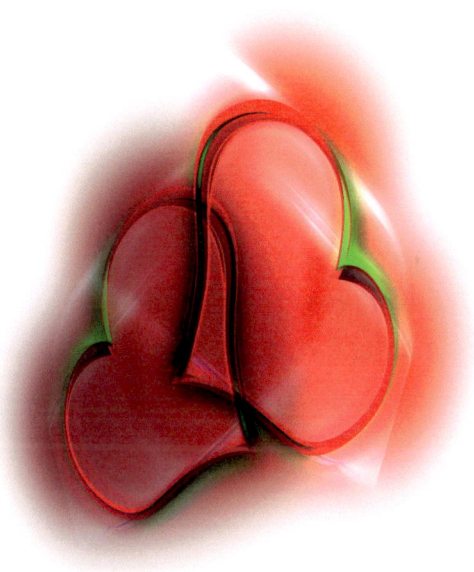

Unsere Reise ist vorbei,
ich flog mit Dir zu den Sternen.
Das ist jetzt vorbei.
Die Liebe zerbrach, ich falle wie ein Komet.
Wenn Liebe so einfach geht,
ist es für´s Reden schon zu spät.
Und doch weiß ich ganz genau,
ich bin und bleibe Deine Frau.
Doch ich weiß auch :
Tränen machen stark,
egal was auch kommen mag.
Auch wenn mir jetzt ein Flügel bricht,
ich verzweifle trotzdem nicht.
Ich lerne neu zu fliegen,
lerne die Einsamkeit zu besiegen.
Denn Tränen machen stark,
für einen neuen Tag.
Spielt auch mein Herz noch verrückt,
ich geh keinen Schritt mehr zurück.
Die Wunden heilt irgendwann die Zeit,
Irgendwann ist es dann soweit.
Scheint heute der Schmerz ›

auch unheilbar, ist mein neues Ziel,
auch noch im Nebel versteckt.
Irgendwann wird' s von mir entdeckt.
Bin ich auch noch geschockt, traurig
und verschreckt.
 Tränen machen stark,für jeden neuen Tag.
Mein Stern in mir leuchtet nun meinen Weg,
der auch wieder in die richtige Richtung
geht.

Kapitel 2

Herzschmerz

Gedichte der

Einsamkeit

Sehnsucht

Träume

Liebe

Der Regen
fallt mir ins Gesicht,
darum sieht man meine Tränen nicht,
die ich heute um uns wein,
denn morgen schon bin ich allein.
Unsere Zukunft endet hier,
denn Du bist nicht mehr bei mir.
Du schaust mir ein letztes
mal ins Gesicht
und sagst:„Schatz wein doch nicht."
Muss ich auch heute von Dir gehen,
ich weiß, dass wir uns wiedersehen.
Mein Herz ruft:"Lass mich doch nicht allein,
denn ich will doch immer bei Dir sein."
Du weist doch, ich liebe Dich so sehr,
ohne Dich ist mein Leben so leer.
Ich werde auf Dich warten,
das weiß ich ganz genau,
denn ich bin doch Deine Frau.

Engel kannst du niemals sehen,
doch wenn Du an sie glaubst,
kann Dir nichts geschehen.
Wenn Du fest an sie glaubst,
und du Ihrer Macht vertraust,
sind sie immer für Dich da,
in Not und in Gefahr.
Engel kannst du niemals sehen,
doch sie sind da,
Dir immer nah.
Ist das nicht wunderbar?
Sie behüten Dich immer
bei Tag und in der Nacht,
halten immer an Deiner Seite wacht.
Engel kannst du niemals sehen,
doch Du weist,
Deinen Weg musst du nie alleine gehen.
Ist das nicht wunderschön?

Eine Liebe ohne Tränen gibt es leider nicht.
Wenn ich um uns weine,
ist mir als ob mein Herz zerbricht.
Oft bin ich traurig ohne Ende,
und weiß nicht wie es weitergeht,
dann schließe ich meine Augen,
und träume den Traum der ewigen Liebe,
der nie vergeht.
Doch ich kann nicht immer nur träumen,
denn dann wird man das Schönste
im Leben versäumen.
Ich wünsche mir Glück und Liebe
für die Ewigkeit.
Dafür gebe ich alles,
dafür ist mir kein Weg zu weit.
Manchmal sehe ich in Deinen Augen
Liebe, Glück und Zärtlichkeit.
Doch auch oft Kälte und keine Zeit.
Keine Zeit für mich.
Dann weine ich ganz still vor mich hin,
weil ich denke,
das ich Dir gleichgültig geworden bin. ›

Doch tief in meinem Herzen,
hoffe ich auf ein kleines Glück.
Bitte bring es mir bald zurück.

Meine Tränen siehst du nicht,
merkst nicht wie mein Herz
ganz leise zerbricht.
Meine Tränen hörst du nicht,
denn ich weine sie ja nicht laut.
Hab schon längst eine Mauer
aus Kummer um mich herum gebaut.
Meine Tränen spürst du nicht,
denn sie laufen ja über mein Gesicht.
Fühle mich so einsam so allein,
dabei gibt es Dich seit vielen Jahren.
Doch Du merkst von allem nichts,
schaust mir ja nicht mehr in mein Gesicht.
Bin für Dich wie immer da,
so wie es halt immer war.
Meine Tränen siehst du nicht,
schau mir doch bitte mal wieder in
mein Gesicht.

*Das Gesicht im Spiegel
ist einsam und allein.
Das Gesicht im Spiegel
will bei Dir sein.
Das Gesicht im Spiegel
sehnt sich nach Dir.
Das Gesicht im Spiegel
weiß Du bist nicht hier.
Das Gesicht im Spiegel
weint um Dich.
Das Gesicht im Spiegel
liebt Dich sehr.
Das Gesicht im Spiegel
gibt Dich nie mehr her.
Das Gesicht im Spiegel
will nur Dich.
Das Gesicht im Spiegel
das bin ich.*

*E*insam-Gemeinsam
so fühle ich mich.
Leer und so allein.
Und ich frage mich:
„Muss das denn sein?"
Wo ist die Liebe geblieben,
die einst bei uns war?
Als wir noch waren
ein glückliches Paar.
Sorgen und Probleme
haben sie vertrieben.
Das ist alles schon so lange her.
Sag wo sind die Träume hin?
Alles so sinnlos,
weil ich so alleine bin.
Komm nimm mich endlich
in Deinen Arm,
erst dann wird mir wieder
ums Herz ganz warm.
Denk doch mal an die
schonen Stunden,
die uns haben mal verbunden.

Was ist Liebe?
Himmelhochjauchzend
oder zu Tode betrübt?
Was ist Glück?
Sonnenschein oder Regenwetter?
Was ist Leidenschaft?
Sehnsucht volles verzehren
oder Ekstase pur ?
Liebe, Glück und Leidenschaft?
Ist das was das Leben
erst lebenswert macht.
Liebe, Glück und Leidenschaft
ist das Gefühl,
das man immer dann spürt,
wenn das Herz in Dir lacht.

Wenn ich Musik höre fliege ich davon.
Flieg in ein Land voller Illusion.
Ich träume mich dann zu Dir hin,
weil ich hier so alleine bin.
Das Leben lässt mir so wenig Zeit
zum träumen,
immer nur jagen, hetzen, räumen.
Dann sag ich mir,
dass das doch nicht alles sein kann,
und schalte meinen CD Player an.
Die Musik trägt mich dann fort,
weit, weit weg an einen romantischen Ort.
Dann träume ich so vor mich hin,
und fühle, dass ich trotz aller Hektik
noch am Leben bin.
Die Musik macht mich wieder froh
und heiter, und dann weiß ich das Leben
geht jetzt mit Schwung wieder weiter.

Die Tür geht auf Du kommst herein.
Mein Herz klopft laut und schnell,
und ohne Du was sagst
wird's im Raum ganz hell.
Deine Hand berührt mich ganz sanft,
ich, ich halt ganz leise still,
weil ich nie mehr allein
und ohne Dich sein will.
Die Welt ist schön seit es Dich gibt.
Ich freue mich auf jeden Tag
den es für uns gibt,
weil ich jetzt erst weiß, ich werde geliebt.
Ohne Dich durchs Leben gehen,
das darf nie mehr geschehen.
Du bist und bleibst mein ganzes Glück,
darum komm bitte immer wieder
zu mir zurück.

Der Regen fällt in mein Gesicht,
und meine Tränen sieht man nicht.
Tränen die ich heute um Dich wein,
Du bist nicht da und ich bin so allein.
Weiß nicht mehr ein,
weiß nicht mehr aus.
Halt diese Einsamkeit kaum noch aus.
Was kann ich tun?
Du fehlst mir so sehr.
Ohne Dich ist mein Leben so leer.
Denk an Dich bei Tag
und in der Nacht.
Sehnsucht was hast du nur aus mir
gemacht?

Die Sonne scheint in mein Gesicht,
doch ihre Wärme fühle ich nicht.
Mein Herz ist so leer,
denn du fehlst mir so sehr.
Ich träumte mal den Traum
von der ewigen Liebe.
Von einem Glück, dass immer bei mir bliebe.
Doch irgendwann bin ich aus meinem
Traum erwacht.
In meiner Seele war es dunkel,
finstere Nacht.
Liebe was hast du mit mir gemacht,
das mein Herz nicht mehr lacht?
Ich muss weinen immerzu,
und schuld, schuld bist nur du.

Schwarzer Engel Einsamkeit
Du machst dich auf meiner Seele breit.
Bringst mir nur Kummer und Sorgen.
Ich bin es so Leid.
In mir sind so viele Schmerzen.
Wann ist es soweit?
Wann fliegst du wieder
aus meinem Leben fort,
weit, weit weg an einen anderen Ort?
Wann werde ich endlich wieder glücklich
und froh?
Hoffentlich sagt mein Herz der
Lebensfreude bald wieder:
„Hallo".

Auf unserer Liebe
liegt eine dicke Schicht Eis.
Früher brannte da mal ein Feuer
und unsere Liebe war ganz heiß.
Unsere Liebe ist im laufe der Jahre
erfroren. Wird sie je wieder
für uns neu geboren?

Du schaust mich aus großen
braunen Knopfaugen an.
Du bist jemand dem man
alles erzählen kann.
Du hast immer für mich Zeit.
Bist immer für mich da,
für dich ist kein Weg zu weit.
Du hörst mir bei all meinen Sorgen zu.
Du sagst nie zu mir:" Lass mich jetzt
bloß in Ruh".
Alles kann ich Dir sagen,
alles kann ich Dich fragen.
Doch leider sagst Du nie was,
bleibst immer stumm.
Sitzt nur auf meinem Sofa rum.
Und doch bist du mein bester Freund
an dunklen Tagen,
denn so einen guten Freund wie Dich
muss man einfach haben.
Ein Freund für alle Lebenslagen.
Darum gebe ich Dich auch nie mehr her,
mein bester Freund:"Mein Teddybär".

Was ist Glück?
Ich hab es vergessen,
dabei hab ich es doch vor vielen Jahren
mal besessen.
Wo kann ich es finden?
Wer bringt es mir zurück,
dieses schöne Gefühl vom Glück?
Ohne Dich ist mein Leben so leer.
Ohne Glück ist auch das Herz
ganz schwer.
Meine Sehnsucht nach Glück ist so groß.
Wo kann ich es suchen?
Wo kann ich es finden?
Wer sagt mir das bloß?

Weist Du wie es ist wenn man liebt?
Wenn es nur noch diesen einen Menschen
für Dich gibt?
Wenn im Herz ein Feuer brennt,
das man ganz einfach Sehnsucht nennt.
Wenn man Tag und Nacht nur noch
an den einen denkt,
und man ihm sein Herz hat geschenkt.
Wenn Dich sein Lachen glücklich macht,
einfach immer bei Tag
und in der tiefen Nacht.
Wenn sich Eure Hände sanft berühren
zwei Menschen sich verführen.
Wenn es ganz einfach Liebe ist.
Eine Liebe die man nie vergisst.
Wenn man fest zueinander steht,
egal wie es dem anderen geht.
Wenn man Glück und Leid miteinander teilt,
und man auch Fehler verzeiht.
Durch dick und dünn zusammen geht,
und fest zueinander steht.
Wenn das alles so ist,
dann hat dich die wahre Liebe geküsst.

Wir wollten doch mal zu den Sternen
fliegen,
und wir wollten uns doch immer lieben.
Doch was ist nach so vielen Jahren
davon übrig geblieben?
Zwar ist die Liebe noch immer da,
aber nicht mehr so,
wie es am Anfang war.
Unsere Träume haben sich leider verzogen,
sie sind wegen den vielen Sorgen verflogen.
Wir wollten doch so viel im Leben erreichen,
doch so viele Pläne mussten
wegen Wichtigerem weichen.
Wir können heute nur noch hoffen
auf ein kleines Glück,
denn leider bringt uns das Schicksal weder
unsere Träume noch die Jahre zurück.

Eis auf meiner Seele,
Kummer in meinem Herz.
Überall nur Fragen.
Überall ein tiefer Schmerz.
Weiß nicht wie es weitergeht,
wie es um unsere Zukunft steht.
Weiß nur es kommen schwere Zeiten
auf uns zu.
Heißt das für mich ein Leben ohne Du?
Wo gehst Du hin?
Wo wirst Du sein?
Wenn ich bin so verlassen und ganz allein.
Kann ich Dich irgendwann wieder sehen?
Wirst Du bald schon für immer gehen?
Wenn Du da bist,dann wünsche ich mir,
ich war auch dort.
Bei den Engeln,
denn dann bist Du nicht allein,
denn ich möchte auch in der
Ewigkeit bei Dir sein.

Der Weg, der vor mir liegt,
ist lang und weit.
Doch dann sind wir
endlich wieder zu zweit.
Mit offenen Armen
lauf ich dann auf Dich zu.
Denn meine große Liebe
bist und bleibst
für immer nur Du.

Solange die Sterne
leuchten am großen
Himmelszelt,
solange werde ich
Dich lieben,
und das heißt bis ans
Ende dieser Welt.

*Morgen kommst Du
endlich wieder Heim,
dann erst werde ich
wieder glücklich sein.*

*Durch das Tal der Tränen,
ging ich einsam und allein.
Suchte nur die Liebe,
wollte bei Dir sein.
Mein Herz suchte Liebe, Glück
und Zärtlichkeit,
doch was ich fand das war nur
Einsamkeit.*

Ich fühle mich so einsam und so leer,
denn es redet hier ja kaum noch einer mehr.
Meine Gedanken fliegen oft so weit fort,
fort an einen fernen Ort.
Ich halte diese Stille einfach hier
nicht mehr lange aus.
Dieses Schweigen hier bei uns Zu haus.
Manchmal denk ich :
„Reis doch einfach mal aus."
Geh ganz einfach fort,
an einen schöneren Ort.
Doch da ist noch so viel Liebe
in meinem Herzen,
und ich weiß Euch zu verlassen,
würde in meiner Seele zu sehr schmerzen.

Man sagt:
" Man geht niemals so ganz".
Ein Stück von mir
bleibt immer hier,
und ich hoffe,
es ist immer bei Dir.
Will in Deinem Herzen sein,
denn dann bist Du nie allein.
Denk an mich,
und träume von mir.
Eines Tages
stehen wir zusammen
an der Himmelstür.
Im Himmel
sind wir dann vereint
für alle Zeit,
bis in alle Ewigkeit.

Tränen, Kummer, Einsamkeit,
der Weg zum Glück
ist unendlich weit.
Mir fehlt die Kraft,
der Mut,
den Weg zum Glück zu gehen,
doch wäre glücklich sein
so wunderschön.
Alles in mir ruft und schreit:
„Geh endlich" doch der Weg ist so weit.
Ich hab Angst den Weg zu gehen,
denn es könnte ja noch so viel geschehen.
Noch mehr Kummer, noch mehr Leid.
Dazu hab ich nicht den Mut.
„Tut mir Leid".
Aber trotz allem hoffe ich,
das alles wird gut.
Sehne mich nach Liebe, Glück
und Sonnenschein,
doch noch bin ich so allein.

Da sitzt Sie
und schaut traurig
aus dem Fenster raus.
Sie fühlt sich so einsam,
so verlassen, im leeren Haus.
Er ist nicht mehr da,
dort wo er
seit vielen Jahren war.
All Ihre Träume,
Ihre Pläne
zerplatzten im Wind.
Sie ist so traurig,
wie ein verlassenes Kind.
Weiß nicht mehr ein,
weiß nicht mehr aus.
Will nicht mehr
ohne Ihn leben,
in Ihrem leeren Haus.

Wozu leben,
wenn man einsam ist?
Wenn man wird nicht mehr geküsst.
Wozu leben,
wenn man nicht mehr träumen kann?
Wenn ein Tag nur noch ist unendlich lang.
Wozu leben,
wenn die Seele friert?
Wenn nichts aufregendes mehr passiert.
Wozu leben,
wenn im Herz nur noch Kummer ist?
Wenn das Herz nicht mehr weiß,
was Freude ist.
Wozu leben,
wenn man nicht mehr weiß wofür?
Wenn alles nur noch dunkel ist,
ohne eine helle Tür.
Wozu leben,
wenn es das wir nicht mehr gibt?
Wenn es so ist als hätte man sich sein
ganzes Leben lang nur geirrt.

Sehnsucht

Was hast Du nur gemacht mit mir?
Ich wünschte mir, Du warst jetzt hier.
Deine Küsse lassen mich versinken,
in einem Meer von Sehnsucht ertrinken.
Leider bist Du jetzt nicht bei mir,
doch in meinem Herzen, bist Du hier.
Ich möchte Dir ganz nahe sein,
und mit Dir träumen,
nie mehr Deine Zärtlichkeit versäumen.
Bitte lass mich nie im Stich,
denn es geht einfach nicht ohne Dich.
Du bist mein Mann,
meine Liebe und mein Leben,
ich werde Dich nie mehr hergeben.

Ich will Leben nur mit Dir,
doch du warst so lange nicht mehr hier.
Krankheit-Kummer-Schmerzen
All das seit Wochen in unseren Herzen.
Wir wussten nicht,wie es weitergeht,
wie es wirklich um deine Krankheit steht.
Ärzte Sprachen nur vom sterben,
all unsere Träume in 1000 Scherben.
Wusste nicht mehr ein noch aus,
saß 12 Stunden bei Dir im Krankenhaus.
Der Kampf gegen Deine Krankheit
hat begonnen.
Alles ist mir aus den Händen geronnen.
Du musst Leben, das ist klar,
mindestens noch ein paar Jahr.

Dunkelheit in meinem Herzen.
Seelenqualen und viele Schmerzen.
Wut-Angst und auch Zuversicht,
doch wie es mit der Krankheit weitergeht,
das weiß man nicht.
Man kann nur hoffen – beten – warten.
Doch dem Schicksal
schaut niemand in die Karten.
Darum genieße jeden Tag,
der Dir was schönes bringen mag.
Sei trotz der vielen Sorgen heiter.
Du weist ja...
egal wie man leidet,
das Leben geht immer weiter.

*I*ch will den Zauber
der Liebe spüren.
Ach hätte ich doch
nur einen Zauberstab,
dann fing der Zauber
unserer Liebe neu an.
Dann wäre das Leben
wieder schön,
und du wärst wieder
mein Traummann,
der wieder
meine Träume
erraten kann.
Der, der zu mir sagt:
"Schatz unser Leben
fängt wieder neu an."
Selig der heute
noch träumen kann.

Ich lag in Deinem Arm
und fühlte nichts.
Mein Herz war ganz einfach leer.
Von Sorgen und Kummer so schwer.
Da war noch Liebe, ganz tief in mir drin,
doch der Verstand sagte:
"Hat das noch einen Sinn?"
Wenn man zu sehr liebt, gibt man sich
mit Leib und Seele hin.
Da war die Angst vor Einsamkeit,
Kälte und Dunkelheit.
Ich weiß ich bin irgendwann allein.
Auf mich warten dann Sorgen und auch Pein.
Wie soll ich Leben ohne dich?
Ich weiß schon jetzt, ich kann das nicht.
Darum verschließe ich Dich ganz fest in
meinem Herzen,
und hoffe so auf weniger Schmerzen.

Ich hab geträumt,
geträumt von der ewigen Liebe.
Von einem Glück,
das immer bei mir bliebe.
Oft geträumt von Glück, Leidenschaft
und Magie, doch wovon man träumt,
bekommt man leider nie.
Die Realität sieht leider ganz anders aus.
Statt Liebe und Leidenschaft,
Sorgen und auch Probleme.
Oh welch ein Graus.
So ein Leben hält keiner lang aus.
Und trotz allem träume ich noch immer
meinem Traum.
Irgendwie verrückt, man glaubt es kaum.

Wir lieben uns jetzt schon seit Jahren,
und ahnten am Anfang nichts
von den Gefahren,
die immer bei uns waren.
Langeweile – Einsamkeit – Traurigkeit.
Der Weg,
den wir bis jetzt gemeinsam gingen,
war unendlich weit.
Wir haben auf dem Weg
unsere Träume verloren.
Ohne Träume
wird keine Liebe mehr neu geboren.

Mein Herz ist krank, der Magen flau.
Um mich herum alles grau in grau.
Ich spüre in mir gähnende Leere.
Traumhaft schön, wenn ich jetzt bei Dir
wäre.
Wohin ich blicke, sehe ich Dein Gesicht.
Ich möchte Dich so gerne berühren,
und kann es doch leider nicht.
Ich denk an Dich, den Duft Deiner Haut.
Ein Gefühl so schön und so herrlich
vertraut.
Eine Träne von mir tropft auf mein Kissen.
Warum nur muss ich Dich so schrecklich
vermissen?
Ich liebe Dich mehr als mein Leben,
und doch ist es irgendwie grausam
diese Liebe so zu erleben.
Ich träume, und leg meinen Kopf
an Deine Schulter,
und lasse mich ganz einfach fallen.
Ich lausche tief in mich hinein,
ach könntest Du doch für immer >

nur bei mir sein.
Dann würden all meine Probleme
zu Staub verfallen.
Doch so einsam ohne Dich,
fühle ich mich ganz einfach nur kläglich.
Minuten werden zu Tagen, einfach
unerträglich diese Qualen.
Ich zähle die Stunden,
bis ich Dich endlich wieder sehe,
bis ich wieder zu Dir gehe.

Manchmal fühle ich mich so leer,
verlassen und allein.
Manchmal denke ich,
das kann doch nicht alles sein.
Manchmal meine ich,
ich halte dieses Chaos nicht mehr aus.
Manchmal will ich einfach nur noch weg,
aus diesem Graus.
Manchmal träume ich noch den Traum
von Liebe und Glück.
Manchmal da hoffe ich,
das kommt alles mal wieder zu mir zurück.
Manchmal fühle ich,
das wird nie wieder so sein.
Manchmal, nein eigentlich immer,
fühle ich mich in letzter Zeit,
ungeliebt, traurig, verlassen und allein.

Meine Familie

Ich bin immer für Euch da.
Jeden Tag und jedes Jahr.
Bin immer bei Euch
in Krankheit und Gefahr,
weil es immer so bei mir war.
Doch wenn ich weine,
seht Ihr das nicht,
denn Ihr schaut
mir nicht so oft in mein Gesicht.
Seht nicht
den Kummer der an mir nagt,
seht nicht
die Schmerzen an den ich mich plag.
Könnt oder wollt
Ihr meine Tränen nicht sehen?
Ich kann es einfach nicht verstehen.
Wenn ich Euch mal brauche,
ist keiner da.
Ist Eure Liebe zu mir
denn überhaupt noch wahr?

Angst vor dem Sterben
ist immer da.
Keiner weiß
wann er muss gehen.
Jeder will bleiben,
und findet trotz aller Sorgen
diese Welt noch schön.
Manchmal denk ich
der Tod ist schon ganz nah.
Doch ich hoffe,
es ist noch nicht wahr.
Hab Angst diesen Weg allein zu gehen.
Kann Dich dann doch
vielleicht nicht mehr sehen.
Bin dann von Euch doch so weit fort,
an einem so fernen Ort.
Will da noch nicht sein,
denn dann bin ich so allein.

*I*rgendwann
nahm die Traurigkeit
von mir Besitz.
Das ich mich
ganz schlecht fühlte,
das ist kein Witz.
Es wurde ganz einfach
um mich herum,
dunkler und dunkler.
Alleine komme ich
von diesem Höllenritt
bestimmt nicht mehr runter.
Ich könnte weinen, immerzu.
Denn mein verwundetes Herz
findet einfach keine Ruh.
Und die Moral von der Geschicht:
„Immer nur alles erdulden,
das soll man nicht."

Kälte in deinem Blick,
und ich weiß
es gibt kein Weg zurück.
Wo ist die Liebe von einst geblieben?
Wir hatten uns doch mal geschworen
uns immer zu lieben.
Warum ist das alles
mit uns so geschehen?
Du und ich
wir wollten doch nie
auseinander gehen.
Gibt es noch mal
einen Weg für uns zurück?
Einen Weg der uns führt
zu einem neuen Glück?
Das kann mir heute und hier
keiner sagen.
Ich weiß nur eins,
wenn Du jetzt gehst,
ich muss es dann ertragen.

*E*insam und traurig
sitze ich hier.
Alleine bin ich nicht,
denn Du bist ja hier.
Hier bei mir und trotzdem fort.
Deine Gedanken
sind an einem andern Ort.
Ich will mit Dir reden,
danach steht mir der Sinn,
doch Du, du hörst noch nicht mal hin.
Traurig starr ich die Wände an.
Was ist nur los mit meinem Mann?
Bin ich Dir gleichgültig und egal?
Wird unsere Ehe langsam schal?
Finden wir noch mal unser Glück?
Doch sag:
" Wer wenn nicht wir,
bringt es uns zurück?"

Irgendwann
hört das Herz
auf zu schlagen.
Man muss gehen,
und hat doch an das Leben
noch so viele Fragen.
Irgendwann
macht das Herz
den letzten Schlag,
man hofft,
das noch einer kommen mag.
Doch irgendwann
geht auch das Herz zur Ruh,
und man macht
ganz einfach die Augen zu.

*M*ein Herz sagt:
"Nein".
Wie kann das sein?
Was ist geschehen,
das unsere Herzen
getrennte Wege gehen?
Gibt es für uns
noch eine Chance
auf ein gemeinsames
neues Glück?
Kommt die Liebe
noch mal zu uns zurück?
Ich hab noch so viele Fragen,
doch die Antwort
kann mir keiner sagen.

Ich lerne zu leben
ohne Dich.
Ich lerne zu träumen
ohne Dich.
Ich lerne mit dem Schmerz
im Herz zu leben
ohne Dich.
Ich lerne wieder zu lachen
ohne Dich.
Ich lerne meine Chancen
wahr zu nehmen
ohne Dich.
Ich lerne zu leben
ohne Deine Liebe
und ohne Dich.
Ich lerne wenn ich falle
aufzustehen,
ohne Dich.
Ich lerne alles zu tun
ohne Dich.
Denn ich weiß erst seit heute,
ich tue es nur für mich.

*S*ie ist nicht verlassen, sondern nur allein.
Den, den Sie liebt kann nicht bei Ihr sein.
Sie fragt sich 1000 mal am Tag,
warum muss das so sein?
Ein Leben so verlassen und so allein
kann nicht der Sinn des Lebens sein.

*I*rgendwie
vermisse ich Sie,
obwohl ich Sie nicht kenne.
Irgendwie
denke ich oft daran,
wie es wäre,
wenn wir reden könnten.
Irgendwie, irgendwann , irgendwo
werde ich Sie finden.
„Meine beste Freundin".

Die Zeit der Tränen,
war schon einmal da.
Die Zeit der Tränen
ist vielleicht
schon wieder ganz nah.
Die Zeit der Tränen
tut so schrecklich weh.
Die Zeit der Tränen,
die ich nicht versteh.
Die Zeit der Tränen,
möchte ich nie mehr erleben.
Die Zeit der Tränen,
darf es nie mehr
in meinem Leben geben.

Eis auf meiner Seele,
Kummer in meinem Herz.
Jedes lachen
ein kleiner Schmerz.
Was ist geschehen?
Wie lange
wird mein Leben
noch so weiter gehen?
Ich wäre doch so gern
glücklich und heiter,
aber mein Leben
geht ja auch traurig weiter.

Wo ist das Prickeln
auf meiner Haut?
Wo sind die Schmetterlinge
in meinem Bauch?
Wo ist meine Sehnsucht hin,
wenn ich nicht bei Dir bin?
Wohin haben sich
meine Träume verflogen?
Wo sind sie hin gezogen?
Kommen sie bald wieder
zu mir zurück?
Oder ist es weg,
mein kleines Glück?

*N*achts träumte ich
unseren Traum der Liebe,
doch Du liegst neben mir
und träumst Deinen
eigenen Traum.
Früher träumten wir gemeinsam.
Jetzt träumt jeder
seinen Traum, ganz einsam.
So kann und darf
es nicht weitergehen.
Es muss endlich
wieder was geschehen,
denn sonst werden wir
noch auseinander gehen.

Du sitzt
vor dem Computer
und hast
für mich keine Zeit.
Merkst nicht
wie mein Herz
leise weint.
Vertröstest mich
immer auf später.
Doch wann
wird das denn sein?
Später da kann es
zu spät für uns sein.
Ich möchte nicht immer
nur auf Dich warten,
denn vielleicht
mischt das Schicksal ja schon
jetzt unsere Karten.
Also lass uns jetzt reden,
worauf denn noch warten.

*F*amilie,
oft zusammen
doch nicht wirklich da.
Jeder trotz allem alleine.
Sieht denn niemand
die Gefahr ?
Hört denn keiner
das Schweigen
was uns trennt?
Dieses laute Schweigen
das man auch
Einsamkeit nennt?
Wir waren uns doch
alle einmal so nah,
und jetzt ist unsere
Familie in Gefahr.
Gefahr dass alles
auseinander bricht.
Hört, seht und merkt
Ihr das denn nicht?

Du merkst nicht
wie einsam ich hier bin,
denn Du hast ja
nur noch Deinen PC im Sinn.
Merkst nicht wie traurig
das alles für mich ist,
wenn Du nicht
wirklich bei mir bist.
Du bist zwar da
und doch so fern.
Sag mir:
"Hast Du mich wirklich noch gern?"
Ich kann Dir
das fast nicht mehr glauben,
denn ich bin hier
ja schon fast am verstauben.
Komm ganz einfach
zu mir hin, und zeig mir,
das ich Dir noch wichtig bin.